STEPHANIE JULIETTE RINNER

EINHORNTASTISCH
BACKEN

Einhorn-Motivtorte, Regenbogenkekse,
Glitzerschokolade und mehr

EMF

EIN BUCH DER
EDITION MICHAEL FISCHER

VOR**Wort**

Sie sind klein, sie sind süß und wahre Glücklichmacher: Einhörner! Seit uns der Einhorn-Trend in seinen Bann gezogen hat, ist er aus unseren Küchen nicht mehr wegzudenken. Da auch ich absolut fasziniert bin, möchte ich dir in diesem Buch zeigen, wie einfach du den süßesten Backtrend des Jahres für deine Liebsten kreieren kannst. Mit leichten Rezepten und magischer Dekoration zauberst du in wenigen Schritten himmlische Kreationen. Wir schlemmen uns durch Torten und Eclairs, Cupcakes und Macarons, zarte Meringue Kisses, leckere Milchshakes und traumhafte Kekskreationen, alle ganz im Zeichen des kunterbunten Einhorn-Regenbogen-Universums. Lass uns gemeinsam die Welt versüßen!

Ich zeige dir, wie einfach Backen sein kann, nur Naschen musst du noch selber.

Deine Stephanie

Damit dir das Backen noch leichter fällt, sind die Rezepte in Schwierigkeitsstufen unterteilt: Das Stern-Symbol findest du bei einfacheren Rezepten, den Diamanten bei etwas aufwendigeren. So kannst du deine Einhorn-Backkünste nach und nach steigern!

S. 9

S. 19

S. 43

INhalt

Vorwort	2
Grundlagen	5
Regenbogenkekse	9
Einhornküsschen	11
Pancake Cake	13
Einhorn-Mini-Törtchen	15
Regenbogen-Cupcakes	17
Einhorn-Eclairs	19
Zimtschnecken	21
Einhorn-Cake	23
Regenbogen-Donuts	27
Einhornschokolade	29

Regenbogen-Brioche	31
Einhornkekse	33
Einhorn-Milchshake	35
Einhorn-Macarons	37
Meringue Kisses	39
Einhorncupcakes	41
Regenbogen-Cheesecake	43
DIY-Streusel & Einhorndip	45
Über die Autorin	46
Danksagung	46
Über die Fotografin	48

S. 15

S. 27

S. 11

GrundLAGEN

BACKZUTATEN

Mit den richtigen Backzutaten bist du deinem Backtraum schon ein ganzes Stück näher, als du denkst. Es lohnt sich, in gute und frische Zutaten zu investieren und das Rezept vor dem Einkauf genau zu lesen. Wahrscheinlich hast du schon viele der benötigen Zutaten, wie Mehl, Zucker und Backpulver, zu Hause.

BUTTER ODER MARGARINE?

Ich backe schon seit vielen, vielen Jahren und komme immer wieder zu dieser Entscheidung zurück: Butter ist einfach der beste Geschmacksträger! Und jetzt mal ehrlich: Man backt ja schließlich nicht jeden Tag und wahrscheinlich auch nicht jede Woche, aber WENN, dann muss einfach Zucker und Butter hinein.

BACKPULVER ODER NATRON?

In den meisten Rezepten verwende ich Backpulver. Bei Cupcakes ersetze ich einen Teil durch Natron, da hier ein fluffiger Teig, aber nur eine leicht gewölbte Oberfläche gwünscht ist, also anders als bei Muffins. Ihr könnt den Natronanteil durch Backpulver ersetzen, nicht jedoch andersherum, da zu viel Natron zu einem unangenehmen Geschmack führt.

MEHL SIEBEN – JA ODER NEIN?

Während ich bei meinen Keksrezepten das Mehl nicht siebe, ist es bei Cupcakes und Torten ein guter Rat. Der kleine Zeitaufwand des Siebens macht den Teig himmlisch leicht und locker.

EIWEISSPULVER ODER FRISCHES EIWEISS?

Für Royal Icing empfiehlt es sich, anstelle von frischem Eiweiß mit Eiweißpulver zu arbeiten. Es lässt sich viel besser dosieren und ist unbedenklicher.

Besonders beim Backen für Kinder oder schwangere Frauen ist das von Vorteil. Wer weiß außerdem schon, wie viele Milliliter Eiweiß wirklich in deinem Ei versteckt sind? Und was passiert eigentlich mit dem Eigelb?

GELFARBEN ODER PULVERFARBEN?

Für das Einfärben von Buttercremes, Fondant oder Royal Icing empfehle ich Gel- oder Pastenfarben. Anders als bei Flüssig- oder Pulverfarben wird das mühsam erarbeitete Ergebnis nicht verfälscht.

REIS ZUM BACKEN?

Wenn du dich auch schon mal geärgert hast, dass deine Cupcakeförmchen am Boden sehr fettig sind, dann probiere es einmal mit Reiskörnern in deinem Backblech. Ein Esslöffel Reiskörner pro Form saugt die Feuchtigkeit auf. Einfach Papierförmchen drauf stellen und wie gewohnt backen.

WASSER ODER WODKA?

Für das Anmischen der goldenen Pulverfarbe, die jeder Einhorndeko noch mehr Zauber verleiht, ist etwas Flüssigkeit nötig. Der Hersteller empfiehlt hierfür Wodka. Da die Einhörner aber auch von Kindern verputzt werden sollen, verwende ich stattdessen kaltes Wasser. Man muss jedoch vorsichtig vorgehen und sollte das Wasser nur tröpfchenweise zugeben, damit die Farbe nicht zu dünn wird.

ORGANISATION

Wenn sich kurzfristig Besuch ankündigt oder für die Partyvorbereitung nur wenig Zeit bleibt, habe ich hier ein paar Tipps zu Organisation, Lagerung und Haltbarkeit:

WIE ORGANISIERE ICH MICH?

- Da ein Keks ein Dauergebäck ist und mindestens 2 Monate hält, kannst du ihn bereits 1–2 Wochen vor dem Fest backen und auch dekorieren. Zucker funktioniert gut als Konservierungsmittel.
- Für größere Torten kannst du die Böden ruhig schon 2 Tage vor der Verwendung backen, am Tag davor einstreichen sowie die Fondantdekoration vorbereiten und schließlich morgens schnell noch fertig dekorieren.
- Bei Cupcakes empfehle ich dir, diese am Tag zuvor oder morgens zu backen und die Creme im Spritzbeutel vorzubereiten. Da das Topping frisch gespritzt am besten aussieht, besprizt du die Cupcakes erst kurz bevor deine Gäste kommen.

WIE LAGERE ICH MEINE SÜSSEN KUNSTWERKE?

- Am besten sind gut gekühlte Standorte ohne auffällige Gerüche. Wenn du die Backwaren im Kühlschrank aufbewahren möchtest, solltest du stark riechende Käsesorten oder Wurstwaren fest in Dosen verpacken.
- Kekse, Donuts, Zimtschnecken und Eclairs ohne Füllung lassen sich einfach in Dosen verstauen und sollten unbedingt vor direkter Sonneneinstrahlung geschützt sein.
- Meringue Kisses nehmen sehr schnell Feuchtigkeit auf und sollten daher erst kurz vor der Party aus der Dose genommen werden, da sie sonst leicht zusammenkleben.
- Torten mit Fondantüberzug lieber leicht gekühlt und trocken lagern, als sie im Kühlschrank aufzubewahren. Fondant zieht gerne Feuchtigkeit an und es wäre doch zu schade, wenn er im Kühlschrank anfängt zu schwitzen (d.h. Wasserperlen an der Oberfläche zu bilden).

WIE LANGE KANN ICH MEINE BACKWAREN VERNASCHEN?

- Das hängt ganz von den verwendeten Zutaten ab. Ist Sahne im Spiel, kannst du deine Kunstwerke maximal 3 Tage lang genießen, alle anderen sogar bis zu 7 Tage. Gefüllte Backwaren aus Brandteig, wie Eclairs oder Windbeutel, sollten lieber noch am gleichen Tag verputzt werden.
- Keksteig, ungefüllte Eclairs und Tortenböden lassen sich wunderbar 3–4 Monate einfrieren. Du kannst auch ganze Torten einfrieren, aber frisch gebacken schmecken sie einfach am besten.
- Manche Torten schmecken erst so richtig gut, wenn sie 1–2 Tage durchziehen konnten. Bei Buttercremetorten bitte nicht zu lange warten und sie im Kühlschrank abgedeckt aufbewahren.
- Macarons sind, abhängig von ihrer Füllung, mindestens 2–3 Tage im Kühlschrank haltbar.

WOMIT WIRD GEBACKEN?

Ob Handrührgerät oder Küchenmaschine, du backst so, wie es dir am leichtesten fällt. Den Keksteig kannst du mit der Hand kneten, die Brioche lieber mit dem Knethaken, da es lange dauert. Einfärben kannst du alles gut mit dem Teigschaber.

WAS WIRD NOCH BENÖTIGT?

Meine liebsten Helfer sind Spritztüllen. Aus Edelstahl sind sie pflegeleicht und zaubern eine traumhafte Optik. Alle Formen gibt es in verschiedenen Größen (z. B. #001 oder #1M). Die benötigte Größe steht jeweils in der Zutatenliste. Außerdem brauchst du eine Regenbogen- und eine Einhorn-Ausstechform für die Keksrezepte. Solltest du keine besitzen, kannst du die Formen auch mit einem Messer ausschneiden. Vorlagen zum Abpausen auf Backpapier findest du auf **www.emf-verlag.de/einhorn**.

TIPPS *Keksformen lassen sich am besten aus einem kalten, richtig festen Teig ausstechen. Für Kekse am Stiel einfach Cake-Pop-Stiele in den Teig stecken und mitbacken.*

RegenbogenKEKSE

Zuckerwattewolken, Schokoladenflüsse, bunte Schmetterlinge und Blumenwiesen ...
So könnte die Welt der Einhörner aussehen. Probier sie in einem knusprigen Keks!

ZUTATEN

FÜR 15 KEKSE

KEKSE
200 g Butter
180 g Zucker
1 Ei (M)
1 TL Vanillearoma
Salz
350 g Mehl
50 g Kakaopulver

ROYAL ICING
500 g Puderzucker
2 EL Eiweißpulver
Gelfarben: Gelb, Rosa,
   Lila, Blau, Grün

AUSSERDEM
Regenbogen-Ausstechform
6 Spritzbeutel
6 Lochtüllen #002
6 Spritzflaschen

ZEIT: 2 Stunden Zubereitung /
12 Stunden Trockenzeit

1. Die zimmerwarmen Zutaten bereitlegen und den Backofen auf 150 °C Umluft (oder 170 °C Ober-/Unterhitze) vorheizen. Für den Keksteig Butter, Zucker, Ei, Vanillearoma und 1 Prise Salz cremig rühren. Mehl und Kakaopulver so lange unterrühren, bis sich der Teig selbst von der Schüssel löst. Den Teig zu einem Brikett formen, in Frischhaltefolie verpacken und mindestens 1 Stunde im Kühlschrank ruhen lassen.

2. Auf einer bemehlten Arbeitsfläche den Teig etwa 3 mm dick ausrollen und die Regenbogen ausstechen. Die Kekse etwa 15 Minuten backen und auf dem Backblech auskühlen lassen.

3. In der Zwischenzeit für das Royal Icing Puderzucker mit Eiweißpulver in eine große Schüssel sieben und 6 Esslöffel Wasser beimengen. Die Masse mindestens 3 Minuten verrühren, in zwei gleiche Teile teilen und eins der Teile nochmals in fünf gleiche Teile aufteilen. Diese fünf Teile jeweils mithilfe eines Zahnstochers mit den unterschiedlichen Gelfarben einfärben. Die große Portion bleibt weiß. Die Konsistenz sollte ähnlich zu Zahnpasta sein. Ist sie zu flüssig, gib noch etwas Puderzucker dazu, ist sie zu fest, gib teelöffelweise Wasser dazu. Anschließend die Masse gut verrühren und jeweils die Hälfte davon in einen Spritzbeutel mit Lochtülle füllen.

4. Die restlichen Massen jeweils mit einem halben Esslöffel Wasser zu einer flüssigen Creme anrühren (ähnlich wie Joghurt) und in Spritzflaschen füllen. Anschließend mit der festen weißen Glasur im Spritzbeutel nun die Wolken an den Keksrändern auftragen. Mit den anderen festen Glasuren die Streifen des Regenbogens umranden. Pro Streifen etwa 5 mm Abstand lassen. Nachdem alle Kekse umrandet sind, die Flächen mit den flüssigen Glasuren ausmalen. **Tipp:** Luftblasen lassen sich mit dem Zahnstocher zerstechen.

5. Die Kekse über Nacht trocknen lassen.

Einhorn KÜSSCHEN

A kiss for you! Diese Schaumküsse sind cremigweich und zergehen auf der Zunge. Für den Knusperspaß sorgt ein Keksboden.

ZUTATEN

FÜR 8 SCHAUMKÜSSE

SCHAUMKÜSSE
2 Eiweiß (M)
Salz
100 g Zucker
200 g Zartbitterkuvertüre
2 EL Kokosfett

SONSTIGES
8 Haferkekse
rosa Zuckerperlen
Zuckerherzchen

AUSSERDEM
Spritzbeutel
Lochtülle #012

ZEIT: 1 Stunde Zubereitung

1. Für die Schaumküsse den Backofen auf 100 °C Umluft (oder 120 °C Ober-/Unterhitze) vorheizen.
2. Das Eiweiß mit 1 Prise Salz steif schlagen, dabei langsam den Zucker einrieseln lassen.
3. Die Kekse auf ein Backblech mit Backpapier legen. Die Masse in einen Spritzbeutel mit Lochtülle füllen und auf die Kekse spritzen. Für 1 Stunde im Backofen trocknen lassen.
4. Die Schokolade über einem Wasserbad schmelzen und das Kokosfett zum Verdünnen hinzugeben.
5. Die Schaumküsse auf ein Kuchengitter stellen, darunter Backpapier auslegen. Mit einem Löffel die flüssige Schokolade über die Schaumküsse gießen. Nach Belieben mit Zuckerperlen und kleinen Zuckerherzchen dekorieren.

TIPP *So süß! Ein weiches Karamellbonbon auf den Keks legen und die Creme rundherum spritzen.*

PANCAKE Cake

Es gibt sie in allen Formen und Größen und sie schmecken einfach immer. Heute gibt es pinke Pancakes, geschichtet und verfeinert mit einer himmlischen Topfencreme.

ZUTATEN

FÜR 10 PANCAKES

PANCAKES
2 Eier (M)
200 ml Buttermilch
150 g Mehl
½ TL Backpulver
Natron
Salz
30 g Zucker
Gelfarbe: Rosa
Öl zum Braten

CREME
500 g Magerquark (Topfen)
200 g Erdbeerjoghurt
1 Päckchen Vanillezucker
Zucker nach Belieben

DEKORATION
Zuckerstreusel nach Belieben

ZEIT: 30 Minuten Zubereitung

1. Die Eier mit der Buttermilch aufquirlen. In einer zweiten Schüssel Mehl, Backpulver, 1 Prise Natron, 1 Prise Salz und den Zucker vermischen und die Ei-Buttermilch-Masse dazugeben. Rosa einfärben, gut verrühren und 10 Minuten ruhen lassen.

2. Eine beschichtete Pfanne vorheizen, etwas Öl dazugeben und den Pfannkuchenteig in kleinen Mengen nacheinander von beiden Seiten bei mittlerer Hitze backen. Die Pancakes erst wenden, wenn die Oberfläche kleine Blasen bildet. Die Pancakes sollten in etwa einen Durchmesser von 8–10 cm haben. Auskühlen lassen.

3. In der Zwischenzeit die Creme vorbereiten. Dazu Magerquark, Joghurt und Vanillezucker zu einer cremigen Masse rühren. Damit die Creme später nicht verläuft, sollten die Pancakes nur noch lauwarm sein.

4. Die Pancakes mit der Quarkcreme bestreichen und übereinanderstapeln. Die oberste Schicht nach Belieben mit selbstgemachten Streuseln dekorieren.

TIPP *Das DIY-Rezept für Zuckerstreusel zum Dekorieren findest du auf Seite 45.*

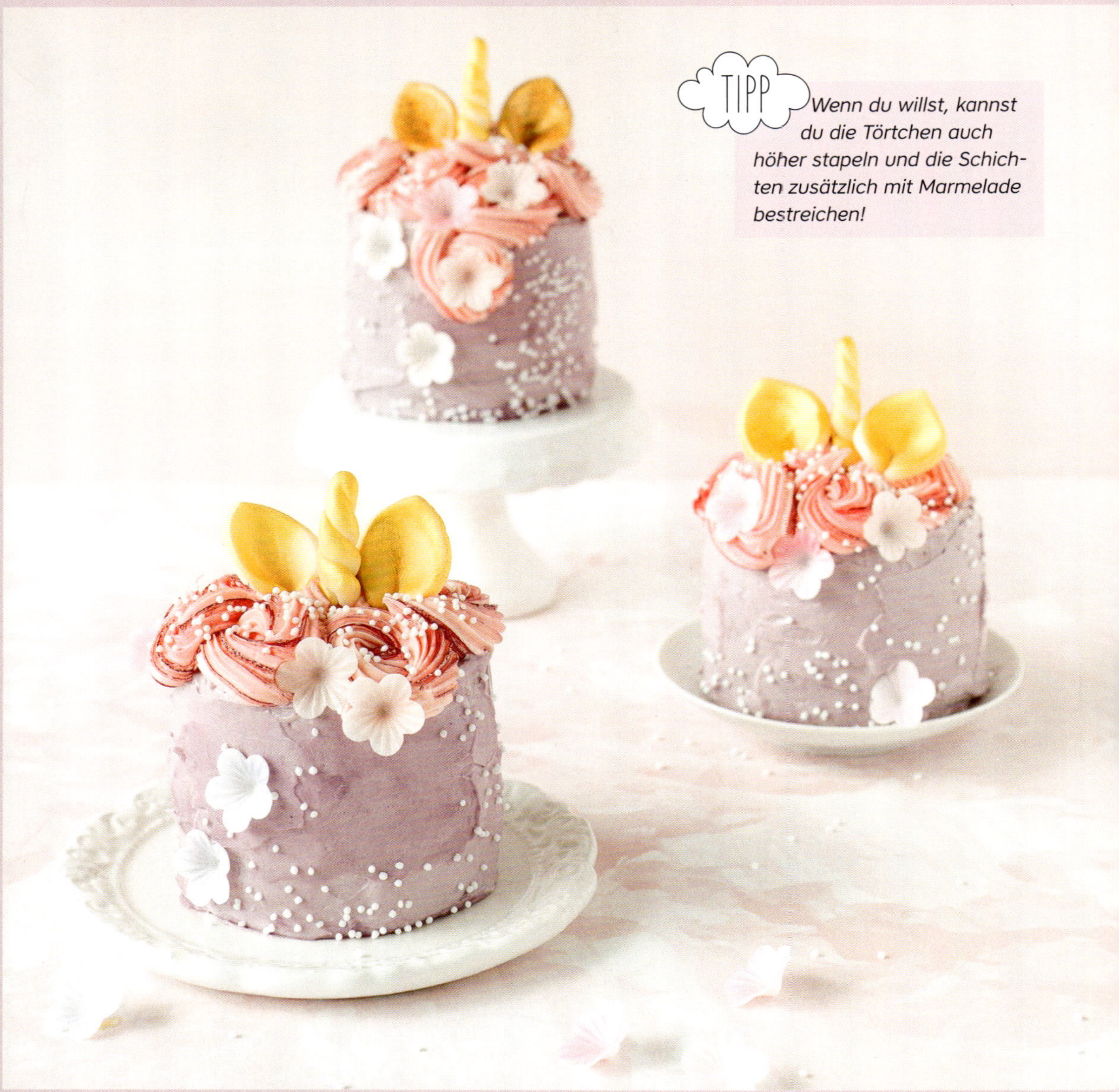

TIPP

Wenn du willst, kannst du die Törtchen auch höher stapeln und die Schichten zusätzlich mit Marmelade bestreichen!

A

B

C

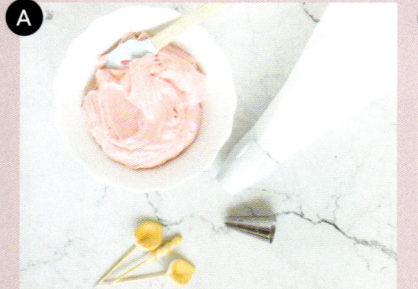

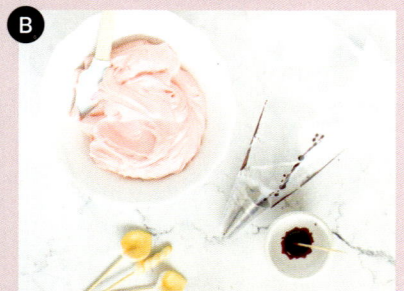

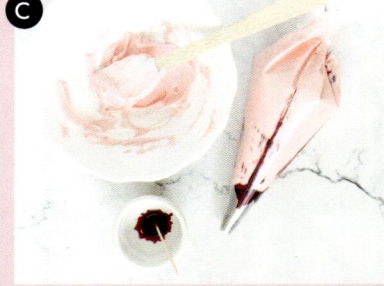

Einhorn-MINI-Törtchen

Diese edlen Buttercremetörtchen sind der Hit für die nächste Party. Das Beste: hier bekommt wirklich jeder Gast sein ganz eigenes Einhorn zum Glücklichwerden.

ZUTATEN

FÜR 6 MINI-TÖRTCHEN

BUTTERCREME
1 Päckchen Puddingpulver
   Vanille
500 ml Milch
3 EL Zucker
250 g Butter
Gelfarbe: Lila

BISKUITTEIG
8 Eier (M)
120 g Zucker
160 g Mehl
1 TL Backpulver
80 g Speisestärke
Salz

DEKORATION
100 g weißer Fondant
essbares Goldpulver
Gelfarbe: Rosa
evtl. rosa Zuckerperlen und
   Blüten aus Esspapier

AUSSERDEM
runder Ausstecher oder Glas
   (ca. 5 cm Durchmesser)
Winkelpalette
1 Spritzbeutel
1 kleine Sterntülle #032

ZEIT: 1,5 Stunden Zubereitung

1. Für die Buttercreme zuerst einen Pudding laut Packungsanleitung kochen und an der Oberfläche mit Frischhalte abdecken, damit keine Haut entsteht. Auskühlen lassen.

2. Für den Biskuitteig den Backofen auf 200 °C Ober-/Unterhitze (oder 180 °C Umluft) vorheizen und die Eier trennen. Das Eiweiß zu einem festen Eischnee schlagen. Das Eigelb mit 6 Esslöffel heißem Wasser cremig rühren und den Zucker zugeben. Das Mehl mit Backpulver und Speisestärke in dieselbe Schüssel sieben, 1 Prise Salz hinzugeben und verrühren. Den Eischnee unterheben, die Masse auf zwei Backbleche mit Backpapier verteilen und etwa 10 Minuten goldgelb backen. Die gebackenen Biskuitböden je auf ein neues Blatt Backpapier stürzen und das untere Backpapier schnell abziehen. Auskühlen lassen.

3. Für die Buttercreme die Butter schaumig-weiß schlagen. Dann den ausgekühlten Pudding in kleinen Mengen zugeben. Ein Drittel der Masse für später aufheben, die restlichen zwei Drittel der Masse lila einfärben.

4. Aus dem Biskuitteig 30 Kreise ausstechen. Für jedes Törtchen werden fünf Schichten benötigt. Die unterste Schicht mit Buttercreme einstreichen, eine weitere Schicht darüber legen, einstreichen und so bis zur obersten fünften Schicht fortfahren. Das Törtchen rundherum dünn mit Creme einstreichen.

5. Für die Dekoration die übrige Buttercreme rosa einfärben. Für den besonderen Farbeffekt den Spritzbeutel mit Sterntülle vorbereiten (Bild A) und auf der Innenseite mit einem Zahnstocher oder Pinsel dünne Farbstreifen mit der Gelfarbe ziehen. (Bild B) Die Buttercreme einfüllen (Bild C) und die Törtchen dekorieren. Aus dem weißen Fondant 6 Hörner und 12 Öhrchen formen. Das Goldpulver mit ein paar Tropfen kaltem Wasser zu einer dicken Masse anrühren und das Horn und die Ohren anmalen. Die Deko in die Buttercreme stecken.

REGENBOGEN-Cupcakes

Es heißt, am Ende eines Regenbogens soll ein Topf voll Gold versteckt sein. Diese Cupcakes im Regenbogendesign sind genau das Richtige für kleine Schatzsucher.

ZUTATEN

FÜR 12 CUPCAKES

CUPCAKES
100 g Butter
150 g Zucker
1 Päckchen Vanillezucker
Salz
2 Eier (M)
300 g Mehl
½ TL Backpulver
½ TL Natron
180 ml Buttermilch
Gelfarben: Rosa, Lila, Blau
1 Packung kleine
   Knusperkugeln

TOPPING
200 ml Sahne
2 Päckchen Sahnesteif
250 g Frischkäse
   Doppelrahmstufe
3 EL Puderzucker
Gelfarben: Rosa, Lila, Hellblau

AUSSERDEM
12 Papierförmchen für
   Cupcakes
großer Spritzbeutel
Sterntülle #1M

ZEIT: 1 Stunde Zubereitung

1. Zur Vorbereitung die Papierförmchen in einem Muffinblech verteilen und den Backofen auf 160 °C Ober-/Unterhitze (oder 140 °C Umluft) vorheizen.

2. Für die Cupcakes die zimmerwarme Butter mit Zucker, Vanillezucker und 1 Prise Salz schaumig rühren. Nach und nach die Eier dazugeben. Das Mehl mit Backpulver und Natron in dieselbe Schüssel sieben, verrühren und die Buttermilch hinzugeben. Den Teig auf drei Schüsseln verteilen und Rosa, Lila und Blau einfärben. Papierförmchen zu gleichen Teilen mit Teig auffüllen und etwa 20 Minuten backen.

3. Die Cupakes aus dem Ofen holen, im Backblech auskühlen lassen und vorsichtig mit einem Messer jeweils ein Stück Teig aus der Mitte herausnehmen. Das Loch mit Knusperkugeln füllen. Das herausgeschnittene Teigstück kürzen und das Loch damit wieder verschließen, damit die Knusperkugeln nicht vom Topping aufgeweicht werden können.

4. Für das Topping die Sahne mit einem Päckchen Sahnesteif steif schlagen. Den Frischkäse mit einem weiteren Päckchen Sahnesteif und Puderzucker in einer zweiten Schüssel verrühren. Die Sahne unter die Frischkäsecreme rühren, die Masse auf drei Schüsseln verteilen und jeweils Rosa, Lila und Hellblau einfärben. Die Masse abwechselnd an den Seiten in einen Spritzbeutel mit Sterntülle füllen und auf die Cupcakes spritzen. Für einen Classic Swirl von außen nach innen spritzen.

TIPP *Der eingefärbte Teig lässt sich besonders gut mit einem Spritzbeutel in die Förmchen geben. So entstehen keine unschönen Flecken, die später verbrennen könnten.*

TIPP Wenn du möchtest, kannst du dir mit essbarem Goldpulver und etwas Wasser eine dickflüssige Masse anrühren und damit die Ohren und Hörner anmalen.

Einhorn–ECLAIRS

Brandteig wird ganz ohne Zucker gebacken, deshalb versteckt sich hier die süße Überraschung im Inneren: eine traumhaft zarte Creme. Zum Dahinschmelzen!

ZUTATEN

FÜR 8 ECLAIRS

FÜLLUNG
2 Eier (M)
75 g Zucker
40 g Mehl
1 Vanilleschote
250 ml Milch

ECLAIRS
100 g Butter
Salz
175 g Mehl
25 g Speisestärke
4 Eier (M)

DEKORATION
150 g weißer Fondant
etwas Marmelade
schwarzer Zuckerstift
100 g Butter
100 g Puderzucker
Gelfarbe: Rosa
weiße Zuckerperlen

AUSSERDEM
3 Spritzbeutel
Sterntülle #1M
kleine Sterntülle, z. B. #032
Pinsel
Holzkochlöffel
Backmatte

ZEIT: 1,5 Stunden Zubereitung

1. Für die Füllung Eier und Zucker verrühren, bis eine helle Creme entsteht. Das Mehl in eine Schüssel sieben. Das Mark der Vanilleschote in einen Topf mit der Milch geben, kurz aufkochen und in die Eiermischung schütten. Verrühren, zurück in den Topf gießen und erneut aufkochen, sodass eine feste Creme entsteht. Zurück in die Schüssel schütten. An der Oberfläche mit Frischhaltefolie abdecken und im Kühlschrank abkühlen lassen.

2. Für den Brandteig den Backofen auf 200 °C Ober-/Unterhitze (oder 180 °C Umluft) vorheizen, ein Backblech mit Backpapier vorbereiten. 125 ml Wasser mit Butter und 1 Prise Salz aufkochen, das Mehl samt Speisestärke auf einmal dazugeben. So lange mit einem Holzkochlöffel verrühren, bis sich der Teig von selber vom Topf löst. In eine Schüssel geben und nach und nach die Eier einrühren. Den Teig in einen Spritzbeutel mit Sterntülle füllen und auf ein Backblech mit Backpapier etwa 3 cm breite und 10 cm lange Eclairs aufspritzen. Zunächst 10 Minuten bei 200 °C backen, damit die Eclairs aufgehen können. Dann die Hitze auf 175 °C reduzieren und nochmal 20 Minuten backen. Aus dem Backofen nehmen, abkühlen lassen und mit einer Tülle an der Unterseite drei Löcher einstechen.

3. Die Füllung in einen Spritzbeutel geben, diesen vorne abschneiden und die Eclairs füllen. Den Fondant auf der Backmatte ausrollen und 8 längliche Streifen mit runden Ecken ausschneiden. Mit einem Zuckerstift die Augen der Einhörner aufmalen. Die Eclairs mit etwas Marmelade bestreichen und anschließend den Fondant daraufkleben.

4. Für die Mähne Butter und Puderzucker cremig schlagen und rosa einfärben. Einen Spritzbeutel mit kleiner Sterntülle vorbereiten und nach Belieben einen rosa Streifen einzeichnen (siehe Seite 14). Eine gelockte Mähne mit Pony aufspritzen.

5. Mit dem restlichen Fondant Ohren und Hörner modellieren. In die Mähne stecken und mit weißen Zuckerperlen dekorieren.

ZIMT Schnecken

Mit der klebrigen Glasur und dem rosafarbenen Look strahlt die traditionelle Zimtschnecke hier in einem coolen neuen Design. YUMMIE!

ZUTATEN

FÜR 10 STÜCK

ZIMTSCHNECKEN
200 g Butter
4 Eigelb (M)
200 ml Milch
500 g Mehl
2 TL Backpulver
Salz
2 TL Zimt
50 g brauner Zucker
Gelfarbe: Rosa
Mehl zum Ausrollen

FÜLLUNG
50 g Butter
80 g Zucker
2 Päckchen Vanillezucker
3 TL Zimt

GLASUR
50 g Puderzucker
50 g Hagelzucker nach Belieben

AUSSERDEM
Backmatte

ZEIT: 1 Stunde Zubereitung

1. Für die Zimtschnecken den Backofen auf 180 °C Ober-/Unterhitze (oder 160 °C Umluft) vorheizen und ein Backblech mit Backpapier vorbereiten.
2. Butter mit Eigelb verrühren und Milch hinzugeben. Die trockenen Zutaten Mehl, Backpulver, 1 Prise Salz, Zimt und Zucker vermischen und nach und nach unter die flüssige Masse rühren.
3. Den Teig mit der Gelfarbe rosa einfärben, gut verrühren und auf einer bemehlten Backmatte rechteckig, ca. 20 x 40 cm, ausrollen.
4. Die Butter für die Füllung schmelzen und unter ständigem Rühren Zucker, Vanillezucker und Zimt dazumischen.
5. Die Mischung auf den ausgerollten Teig streichen und diesen aufrollen. Die Enden begradigen und zehn etwa 2 cm dicke Scheiben abschneiden.
6. Auf das Backblech legen und etwa 30 Minuten backen. Die Zimtschnecken auskühlen lassen. Den Puderzucker zusammen mit 2 Teelöffel Wasser zu einer Glasur verrrühren, die Schnecken damit bestreichen und nach Belieben mit Hagelzucker bestreuen.

TIPPS *Für den rosafarbenen Look den Hagelzucker oder normalen Zucker zusammen mit rosa Gelfarbe in einen Gefrierbeutel geben und kräftig schütteln. Nach Belieben zusätzlich mit essbarem Goldpulver bestreichen.*

Einhorn-CAKE

*Die absolute Krönung auf jeder Einhornparty ist die ultimative Einhorntorte!
Sie wird alle Blicke auf sich ziehen und pure Magie versprühen.*

 ZUTATEN

FÜR 1 TORTE (Ø 15 CM)

BUTTERCREME
1 Päckchen Puddingpulver
  Vanille
500 ml Milch
3 EL Zucker
250 g Butter

FÜLLUNG
250 g Himbeeren
2 EL Zucker
8 g Geliermittel

BISKUITTORTE
6 Eier (M)
200 g Zucker
1 Päckchen Vanillezucker
100 g Mehl
150 g Speisestärke
1 TL Backpulver

DEKORATION
750 g weißer Fondant
essbares Goldpulver

Speisestärke
400 g Butter
250 g Puderzucker
Gelfarben: Rosa, Pink
nach Belieben mit Vanilleessenz
  oder Marmelade verfeinern
kleine und große Zuckerperlen
200 g weiße Schokolade nach
  Belieben
Kokosfett nach Belieben

AUSSERDEM
3 Springformen (ø 15 cm)
drehbare Tortenplatte
Backmatte
2 Fondantglätter
Spritzbeutel
versch. Sterntüllen: #1M,
#2D, #014
Backspray
Schere

ZEIT: 4 Stunden Zubereitung

TIPP *Für unschöne Stellen an der kalten Buttercreme ein Messer unter heißes Wasser
halten, abtrocknen und die Stellen ausbessern.*

WEITER GEHT'S

1. Für die Einhorntorte zunächst den Pudding für die Buttercreme vorbereiten. Hierfür den Pudding laut Packungsanleitung kochen, an der Oberfläche mit Frischhalte abdecken und auskühlen lassen.

2. Den Backofen auf 180 °C Ober-/Unterhitze (oder 160 °C Umluft) vorheizen. Auf die Böden der Springformen Backpapier spannen und die Ränder mit Backspray einsprühen.

3. Für die Füllung die Himbeeren waschen, pürieren und durch ein Sieb passieren. Mit Zucker und Geliermittel verrühren und ruhen lassen.

4. Für den Biskuitteig die Eier schaumig schlagen und während des Rührens 6 Esslöffel heißes Wasser und anschließend den Zucker und Vanillezucker zugeben. Die Masse cremig-weiß schlagen. Mehl, Speisestärke und Backpulver in die Masse sieben und unterheben. Die Masse gleichmäßig auf drei Formen mit je ø15 cm aufteilen und etwa 30 Minuten auf mittlerer Schiene backen. Die Böden in der Form auskühlen lassen, anschließend aus den Springformen lösen und, wenn nötig, begradigen.

5. Für die Buttercreme die zimmerwarme Butter cremig-weiß schlagen und den ausgekühlten Pudding nach und nach dazugeben. Einen der Tortenböden auf eine Drehplatte legen, mit der Himbeercreme bestreichen und darauf eine Schicht Buttercreme verteilen. Zweimal wiederholen, sodass die drei Böden aufeinandergestapelt die Torte ergeben.

6. Die Torte rundherum mit der Buttercreme dünn einstreichen und für 20 Minuten kühlen. Dann eine zweite dicke Schicht mit dem Rest der Buttercreme auftragen und scharfe Kanten formen. Wieder für 20 Minuten kühlen.

7. Für die Dekoration 500 g weißen Fondant 2–3 mm dick auf einer mit Speisestärke bemehlten Backmatte in der Größe des Kuchens ausrollen. Den Kuchen aus dem Kühlschrank holen und den Fondant darüber rollen. Mit zwei Fondantglättern den Fondant vorsichtig andrücken. Die Kanten am unteren Rand sauber abschneiden.

8. Mit dem restlichen Fondant ein etwa 20 cm langes Horn drehen (Bild A), Ohren und Augen formen (Bild B). Das Goldpulver mit etwas kaltem Wasser zu einer dickflüssigen Konsistenz anrühren und alles anmalen. Horn und Ohren auf Holzspieße stecken. Zum Trocknen der Goldfarbe kannst du alle Teile z. B. in Styropor oder eine alte Schachtel stecken.

9. Für die Blüten Butter und Puderzucker miteinander verrühren und nach Belieben mit Vanilleessenz oder Marmelade verfeinern. Die Cremes auf drei Schüsseln verteilen und je einen Teil rosa und pink einfärben. Jeweils einen Spritzbeutel mit Sterntülle vorbereiten und die Creme einfüllen. Die Blüten mit dem Spritzbeutel auftragen (Bild C), die Augen mit etwas Wasser aufkleben, nach Belieben mit kleinen und großen Zuckerperlen bestreuen und das Kunstwerk auf eine Tortenplatte stellen.

10. Aus der Einhorn-Torte kannst du auch ganz leicht eine Torte mit Drip-Effekt zaubern: 200 g weiße Schokolade schmelzen und 2 Esslöffel Kokosfett einrühren. Abkühlen lassen, in einen Spritzbeutel füllen und diesen vorne aufschneiden. Die flüssige Schokolade langsam an den Seiten auftragen. Trocknen lassen und mit Goldfarbe anmalen.

TIPP *Für eine Torte mit 26 cm Durchmesser einfach die Zutaten verdoppeln (abgesehen von den Zutaten für die Fondantdekoration).*

REGENBOGEN-**Donuts**

Dieser süße Backspaß ist sooo vielseitig: verputz ihn direkt, drapier ihn kunstvoll auf einem Milchshake oder zauber damit einfach jemandem ein Lächeln ins Gesicht.

ZUTATEN

FÜR 6 DONUTS

DONUTS
120 g Zucker
1 Ei (M)
3 EL Öl
130 ml Buttermilch
Salz
150 g Mehl
1 TL Backpulver

GLASUR
100 g Puderzucker
Zitronensaft
Gelfarben: z. B. Rot, Gelb,
  Lila, Blau
Zuckerstreusel

AUSSERDEM
Backblech für Donuts
Spritzbeutel
Backspray

ZEIT: 30 Minuten Zubereitung /
2 Stunden Kühlzeit

1. Den Backofen auf 160 °C Ober-/Unterhitze (oder 140 °C Umluft) vorheizen, den Rost auf mittlerer Schiene platzieren und das Backblech mit Backspray einfetten.
2. Für den Teig Zucker und Ei cremig rühren, das Öl hinzugeben und mit der Buttermilch und einer Prise Salz gut verrühren. Das Mehl mit Backpulver unterrühren.
3. Den Teig in einen Spritzbeutel füllen, vorne abschneiden und das Backblech gleichmäßig befüllen. Etwa 25 Minuten backen. Nach dem Backen das Backblech auf ein Kuchengitter stürzen und die Donuts auskühlen lassen.
4. Für die Glasur den Puderzucker mit etwas Zitronensaft zu einer dickflüssigen Masse anrühren. Diese auf vier Schüsseln verteilen und rot, gelb, lila und blau einfärben. Mit den Löffeln die ausgekühlten Donuts kunterbunt bestreichen. Die Zuckerstreusel sofort darüber streuen, da der Guss schnell trocknet.
5. Die Donuts etwa 2 Stunden abkühlen lassen, dann servieren.

TIPP *Zuckerstreusel ganz einfach selber machen? Kein Problem, ein passendes Rezept dazu findest du auf Seite 45.*

Einhorn SCHOKOLADE

In drei einfachen Schritten kannst du dir deine eigene Einhornschokolade zaubern. Mach aus deiner Küche deine ganz persönliche Schokoladenfabrik!

ZUTATEN

FÜR 3 TAFELN

SCHOKOLADE
je 100 g weiße Schokolade
(je nach Gießform auch 200 g)
je 1 EL Kokosfett
Gelfarben: z. B. Rosa, Lila, Blau
essbarer Goldglitzer
Zuckerperlen, -herzen, o. Ä.

AUSSERDEM
Schokoladengießform

ZEIT: 1 Stunde Zubereitung

Für deine eigene Schokoladenkreation wiederholst du einfach die folgenden Schritte für so viele Tafeln, wie du möchtest:

1. Eine Tafel weiße Schokolade über einem Wasserbad schmelzen. Kokosfett zum Verdünnen hinzugeben und anschließend mit der gewünschten Gelfarbe einfärben.

2. In die Gießform für die Tafel Glitzer und Zuckerperlen streuen und die geschmolzene Schokolade darüber gießen.

3. Die Schokolade bei Zimmertemperatur etwa 10 Minuten abkühlen lassen und mindestens 1 Stunde im Kühlschrank kühlen. Anschließend vorsichtig aus der Form lösen.

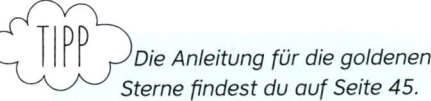

TIPP *Die Anleitung für die goldenen Sterne findest du auf Seite 45.*

REGENBOGEN-**Brioche**

Als ich Kind war, gab es oft Briochekipferl. Das Kipferl kommt aus Österreich, die Brioche aus Frankreich, wo sie meist zum Frühstück gegessen wird. Jetzt wird's bunt!

ZUTATEN

**FÜR EINE BRIOCHE
(CA. 12 SCHEIBEN)**

BRIOCHE
450 g Mehl
1 Päckchen Trockenhefe
50 g Zucker
250 ml Milch
1 Ei (M)
50 g Butter
Salz

CREME
400 g Frischkäse
2 TL Vanilleessenz
Zucker nach Belieben
Gelfarben: Rosa, Blau, Lila
goldene Glitzerstreusel
Zuckerstreusel aller Art

AUSSERDEM
Küchenmaschine mit Knethaken
Backspray
Kastenform, 30 cm

ZEIT: 1,5 Stunden Zubereitung

1. Für den Teig das Mehl mit Hefe und Zucker in der Küchenmaschine mit Knethaken verrühren. Die Milch in einem Topf lauwarm erwärmen und diese mit dem Ei der Mehl-Hefe-Mischung beimengen. Die kleingewürfelte Butter und 1 Prise Salz ergänzen. Die Zutaten 20 Minuten kneten und anschließend 1 Stunde an einem warmen Ort gehen lassen (z. B. im Backofen bei 30 °C).

2. Den Teig nochmal durchkneten und in der eingefetteten Kastenform erneut 30 Minuten gehen lassen. Den Backofen auf 160 °C Ober-/Unterhitze (oder 140 °C Umluft) vorheizen. Die Brioche etwa 30–40 Minuten backen. In der Backform auskühlen lassen, auf ein Schneidebrett stürzen und in gleich dicke Scheiben schneiden.

3. Für die Creme den Frischkäse mit Vanilleessenz cremig rühren, nach Belieben mit Zucker süßen, auf drei Schüsseln verteilen und rosa, blau und lila einfärben. Die Brioche kunterbunt bestreichen und mit Zuckerstreuseln aller Art verzieren.

TIPP *Ihr könnt die Creme auch mit Marmelade einfärben und damit den Geschmack verfeinern.*

TIPP *Wenn die Kekse aus dem Backofen kommen, kann mit einem Strohhalm ein Loch zum Aufhängen ausgestochen werden (dann sind sie noch sehr weich).*

Einhorn KEKSE

Wenn du ein Einhorn wärst, welche Farbe hätte deine Mähne? Bei diesen zauber-haften Keksen kannst du deiner Fantasie freien Lauf lassen. Alles ist möglich!

ZUTATEN

FÜR CA. 20 KEKSE

KEKSE
200 g Butter
180 g Zucker
1 Ei (M)
Salz
400 g Mehl
Abrieb 1 unbehandelten Zitrone

DEKORATION
500 g Puderzucker
2 EL Eiweißpulver
Gelfarben: Rosa, Lila, Blau
schwarzer Zuckerstift
essbares Goldpulver

AUSSERDEM
Einhorn-Ausstechform
4 Spritzbeutel
4 Lochtüllen #2
1 Spritzflasche
Pinsel

ZEIT: 2 Stunden Zubereitung /
ca. 12 Stunden Trockenzeit für
die Glasur / 1–2 Stunden
Trockenzeit für die übrige
Dekoration

1. Die zimmerwarmen Zutaten bereitlegen. Für den Teig Butter, Zucker, Ei und 1 Prise Salz cremig rühren und das Mehl mit Zitronenabrieb unterrühren. Den Teig zu einem Brikett formen, in Frischhaltefolie verpacken und mindestens 1 Stunde im Kühlschrank ruhen lassen.

2. Den Backofen auf 150 °C Umluft (oder 170 °C Ober-/Unterhitze) vorheizen. Auf einer bemehlten Arbeitsfläche den Teig etwa 3 mm dick ausrollen und die Einhörner nacheinander ausstechen. Die Kekse etwa 15 Minuten backen und anschließend auf dem Backblech auskühlen lassen.

3. In der Zwischenzeit für die Dekoration Royal Icing herstellen. Hierfür den Puderzucker mit dem Eiweißpulver in eine große Schüssel sieben und 6 Esslöffel Wasser beimengen. Die Masse mindestens 3 Minuten verrühren und anschließend halbieren. Die Konsistenz sollte ähnlich wie bei Zahnpasta sein. Ist sie zu flüssig, noch etwas Puderzucker dazugeben, ist sie zu fest, teelöffelweise Wasser dazugeben. Eine Hälfte bleibt in der Schüssel, die andere Hälfte wird zu gleichen Teilen auf drei kleine Schüsseln verteilt und rosa, lila und blau eingefärbt.

4. Die Glasuren aus den drei kleinen Schüsseln in drei Spritzbeutel mit Lochtülle füllen. Ein Drittel der übrigen Masse ebenso in einen Spritzbeutel mit Lochtülle füllen und die restliche weiße Masse mit 1–2 Esslöffel Wasser verdünnen. Die Konsistenz soll ähnlich wie bei Joghurt werden. In eine Spritzflasche füllen. Den Keks mit der festen weißen Glasur umranden und mit der flüssigen weißen Glasur ausfüllen.

5. Idealerweise über Nacht trocknen lassen, mindestens aber für 1 Stunde. Mit den bunten Spritzbeuteln die Haare aufmalen. Mit dem Zuckerstift die Augen einzeichnen. Für das Horn etwas Goldpulver mit ein paar Tropfen kaltem Wasser zu einer dicken Masse anrühren. Mit dem Pinsel auftragen. Die Kekse weitere 1–2 Stunden trocknen lassen.

EINHORN-**Milchshake**

Lass uns träumen! Eis, Sahne, Zuckerstreusel, Marshmallows ... da lacht das Herz!
In Kombination ergeben diese Zutaten den ultimativen Einhorn-Milchshake!

ZUTATEN

FÜR 3 GLÄSER

MILCHSHAKE
100 g Erdbeeren
250 ml Milch
½ Päckchen Vanillezucker
3 EL Erdbeereis

EINHORN-
MARSHMALLOWS
3 weiße Marshmallows
3 Papierstrohhalme
schwarzer Zuckerstift
30 g rosa Fondant
30 g Puderzucker
1 Spritzer Zitronensaft
6 rosa Zuckerherzen
ein paar Zuckerperlen

DEKORATION
1 Zitrone
100 g Zuckerperlen
250 ml Sahne, steif geschlagen
Puffreis
Gummischlangen
evtl. 2 Regenbogenkekse

ZEIT: 30 Minuten Zubereitung

1. Für den Milchshake die Erdbeeren waschen und klein würfeln. Die Erdbeeren mit Milch, Vanillezucker und Erdbeereis pürieren.
2. Für die Einhorn-Marshmallows je einen Marshmallow auf einen Papierstrohhalm stecken und mit einem Zuckerstift die Augen einzeichnen. Für das Horn aus Fondant eine lange Schnur formen, in der Hälfte umbiegen und zusammenzwirbeln. Auf etwa 3 cm kürzen. Den Puderzucker mit 1 Spritzer Zitronensaft zu einer dickflüssigen Masse anrühren und auf den Kopf und an den Seiten auftragen. Darauf das Horn, die Zuckerperlen und die umgedrehten Zuckerherzen als Ohren ankleben.
3. Den Rand eines hohen Glases mit Zitrone einreiben und in eine Zuckerperlen-Mischung tauchen. Den Milchshake einfüllen und mit Sahne garnieren. Mit Einhorn-Marshmallow, Regenbogenkeks, Puffreis und Gummischlangen dekorieren.

Das Rezept für den Regenbogenkeks findest du auf Seite 9.

TIPP *Besonders Geübte können Horn und Ohren aus dem Teig direkt mitspritzen.*

Einhorn–MACARONS

C'est magnifique! Die einhorntastischen Macarons mit verträumten Wimpern und süßen Löckchen sind zum Vernaschen fast zu schade, aber erfährt ja keiner … Pssst!

ZUTATEN

FÜR 20 STÜCK

MACARONS
1 Eiweiß (40 g)
50 g gemahlene Mandeln
   (ohne Schale)
75 g Puderzucker
15 g Zucker
Gelfarbe: Rosa

FÜLLUNG
80 g Butter
50 g Puderzucker
4 EL Himbeermarmelade

DEKORATION
schwarzer Zuckerstift
Zuckerperlen
150 g weißer Fondant
essbares Goldpulver
essbares rosa Glitzerpulver
Gelfarben: Lila, Rot

AUSSERDEM
Macaronbackmatte oder
   Backpapier
3 Spritzbeutel
Lochtülle (12 mm)
kleine Sterntülle
Pinsel

ZEIT: 1,5 Stunden Zubereitung

1. Zur Vorbereitung aus dem Fondant 20 kleine Hörner und 40 Ohren formen. Das Goldpulver mit etwas Wasser anrühren. Hörner und Ohren mit der Farbe bemalen und trocknen lassen.

2. Für den Teig die gemahlenen Mandeln und den Puderzucker ganz fein mixen und anschließend zweimal in eine Schüssel sieben, je feiner desto besser. In einer zweiten Schüssel das zimmerwarme Eiweiß schaumig schlagen, den Zucker dazugeben, steif schlagen und schließlich mit der Gelfarbe einfärben.

3. Das gesiebte Mandel-Zucker-Pulver in drei kleinen Portionen in das Eiweiß rühren. Es entsteht ein weich fließender Teig. Diesen in einen Spritzbeutel mit Lochtülle füllen und 40 Kreise auf eine Macaronbackmatte oder auf Backpapier spritzen.

4. Das Backblech vorsichtig auf die Arbeitsplatte klopfen, damit die Zipfel sich senken. Anschließend den Teig für 30 Minuten bei Zimmertemperatur ruhen lassen. Währenddessen den Backofen auf 140 °C Umluft (oder 160 °C Ober-/Unterhitze) vorheizen. Dann die Macarons für 15 Minuten backen, aus dem Ofen holen und auf dem Backblech auskühlen lassen.

5. Für die Füllung die zimmerwarme Butter cremig-weiß schlagen, den Puderzucker und die Himbeermarmelade zugeben. 4 EL der Füllung abnehmen und mit etwas Gelfarbe lila färben. Den Rest der Masse in einen Spritzbeutel mit kleiner Sterntülle füllen und auf 20 ausgekühlte Macarons spritzen. Anschließend den Deckel daraufsetzen. Mit der restlichen Buttercreme kleine Blümchen auf eine Seite des oberen Macarons spritzen und Zuckerperlen darauf verteilen. Mit dem Zuckerstift die Augen aufmalen. Etwas rote Gelfarbe mit rosa Glitzerpulver verrühren und damit den Einhörnern Bäckchen malen. Hörner und Ohren in die Creme stecken.

MERINGUE Kisses

Wir können uns nicht ins Einhornland zaubern, aber den Genuss zarter essbarer Wölkchen können wir zu uns holen: in Form von himmlischen Meringue Kisses.

ZUTATEN

FÜR 36 STÜCK

WÖLKCHEN
2 Eiweiß
1 TL Vanilleessenz
Salz
120 g Zucker
Gelfarben: Rosa, Lila, Blau

AUSSERDEM
3 Spritzbeutel
Lochtülle #012

ZEIT: 30 Minuten Zubereitung /
1,5 Stunden Trockenzeit

1. Den Backofen auf 100 °C Umluft (oder 120 °C Ober-/Unterhitze) vorheizen und zwei Backbleche mit Backpapier auskleiden.
2. Für die Wölkchen das Eiweiß mit Vanilleessenz und 1 Prise Salz sehr steif schlagen und dabei langsam den Zucker zugeben. Die Baisermasse auf vier Schüsseln verteilen und jeweils rosa, lila und hellblau einfärben bzw. weiß lassen.
3. Den ersten Spritzbeutel mit der Lochtülle vorbereiten und die rosa Masse einfüllen. Mit dem Spritzbeutel etwa 2 cm große Tropfen auf das Backblech spritzen. Den Spritzbeutel aufschneiden, die Lochtülle reinigen und mit Weiß, Lila und Blau wiederholen. Pro Farbe erhältst du etwa 9 Baiser. Diese brauchen etwa 1,5 Stunden im Backofen zum Trocknen. In einer luftdichten Dose lagern.

TIPPS *Für den Einhorneffekt die Wölkchen mit Goldspray einsprühen oder mit Blattgold verzieren. Die Wölkchen lassen sich übrigens auch mit einer Sterntülle spritzen, dann ergibt sich ebenfalls eine schöne Optik!*

A

B

C

D

Einhorn**CUPCAKES**

Einhorntastischer geht´s nicht! Mit leckerer Ganache aus weißer Schokolade, traumhafter Fondantdekoration und zauberhaftem Design werden Einhörner lebendig.

ZUTATEN

FÜR 12 CUPCAKES

CUPCAKES
150 g Butter
150 g Zucker
1 Päckchen Vanillezucker
Salz
2 Eier (M)
170 g Mehl
½ TL Backpulver
¼ TL Natron
30 g Kakaopulver
3 EL Milch

TOPPING
300 g weiße Schokolade
200 ml Sahne

DEKORATION
je 250 g grauer und weißer
   Fondant
je 100 g rosa, gelber, lila und
   schwarzer Fondant
Speisestärke

AUSSERDEM
12 Papierförmchen für Cupcakes
Backmatte, 12er Muffinblech
Fondantroller
runder Ausstecher (ca. 6 cm)
Spritzbeutel oder Eisportionierer
Pinsel

ZEIT: 1,5 Stunden Zubereitung

1. Für die Cupcakes den Backofen auf 160 °C Ober-/Unterhitze (oder 140 °C Umluft) vorheizen, den Rost auf mittlerer Schiene platzieren, die Papierförmchen in einem Muffinblech verteilen.

2. Die zimmerwarme Butter mit Zucker, Vanillezucker und 1 Prise Salz schaumig rühren. Nach und nach die Eier dazugeben. Das Mehl mit Backpulver, Natron und Kakaopulver in dieselbe Schüssel sieben und mit der Milch verrühren. Den Teig mit einem Spritzbeutel oder Eisportionierer gleichmäßig in den Förmchen verteilen und die Cupcakes etwa 20 Minuten backen. Im Blech auskühlen lassen.

3. Für das Topping die Schokolade klein hacken und die Sahne zum Köcheln bringen. Die Sahne über die Schokolade gießen und mindestens 30 Minuten ruhen lassen. In der Zwischenzeit die Fondantdekoration vorbereiten. Dafür den weißen Fondant mit Speisestärke auf einer Backmatte etwa 2 mm dick ausrollen und 12 Kreise ausstechen (Bild A). Dann den grauen Fondant ausrollen und mit dem gleichen runden Ausstecher die Schnauze ausstechen. Mund und Nasenlöcher einzeichnen. Aus dem grauen Fondant die Hörner formen und mit einem Zahnstocher die Maserung einzeichnen (Bild B). Aus rosa, gelbem und lila Fondant die Haare formen. Aus schwarzem und weißem Fondant die Augen modellieren (Bild C). Anschließend alle Einzelteile mit einem feuchten Pinsel aufkleben (Bild D).

4. Die abgekühlte Ganache aufschlagen und die Cupcakes mit einer schönen Wölbung bestreichen. Anschließend die Fondant-Einhörner mittig darauf platzieren.

TIPP *Dekoration aus Fondant lässt sich wunderbar auch am Tag vorher herstellen. Sie härtet aus, lässt sich allerdings nicht mehr um die Wölbung des Toppings formen.*

REGENBOGEN-**Cheesecake**

Nichts geht über einen saftigen Cheesecake, besonders in den traumhaften Farben eines Regenbogens. Egal ob klassisch serviert oder als kleine Törtchen.

ZUTATEN

FÜR 1 TORTE

MÜRBTEIGBODEN
125 g Butter
75 g Zucker
1 Ei (M)
250 g Mehl
½ TL Backpulver

CREME
250 g Zucker
4 Eier (M)
Salz
4 EL Speisestärke
1 Päckchen Puddingpulver
   Vanille
1 kg Magerquark
Gelfarben: Gelb, Rosa, Lila,
   Blau, Grün

DEKORATION
200 ml Sahne
Zuckerstreusel
Zuckerkugeln

AUSSERDEM
Springform (ø 22 cm)
Backspray
Spritzbeutel
Sterntülle #1M

ZEIT: 70 Minuten Zubereitung

1. Zur Vorbereitung den Backofen auf 180 °C Ober-/Unterhitze (oder 160 °C Umluft) vorheizen, das Backpapier in das Backblech einspannen und die Ränder mit Backspray einsprühen.
2. Für den Boden Butter, Zucker und Ei verrühren. Das Mehl und Backpulver hinzugeben und unterrühren. Den Teig am Boden der Springform verteilen und festdrücken.
3. Für die Creme Zucker, Eier, 1 Prise Salz, Speisestärke und Puddingpulver verrühren und den Quark hinzugeben. Die Masse in fünf gleichen Mengen auf die Schüsseln aufteilen und einfärben. Die eingefärbten Cremes willkürlich mit Esslöffeln in der Springform verteilen. Die Springform kurz auf die Arbeitsplatte klopfen, damit sich die Masse gut verteilt, und auf mittlerer Schiene etwa 50 Minuten backen.
4. Den Kuchen abkühlen lassen, die Sahne steif schlagen und in einen Spritzbeutel mit Sterntülle füllen. Auf dem Cheesecake 12 Tupfen Sahne verteilen und anschließend nach Belieben mit Zuckerstreuseln und -kugeln verzieren.

TIPP *Keksrezepte zum Dippen findest du auf Seite 9 und 33.*

DIY-Streusel & EinhornDIP

Herzen, Streusel und Regenbögen verleihen süßen Kleinigkeiten den Extrahauch Einhornmagie. Dazu gibt's eine himmlische Joghurt-Frischkäse-Creme für süße Snacks.

 ZUTATEN

DIY-STREUSEL

FÜR 1 KLEINE DOSE

250 g Puderzucker
1 EL Eiweißpulver
Gelfarben: Gelb, Rosa, Lila,
    Blau, Grün
weißer Fondant
essbares Goldpulver

AUSSERDEM

5 Einwegspritzbeutel
5 Lochtüllen #001
Fondantausstecher Stern
Pinsel

ZEIT: 50 Minuten Zubereitung

EINHORNDIP

FÜR 1 SCHÜSSEL (450G)

250 g Joghurt
200 g Frischkäse
2 EL Puderzucker
1 Stange Bourbonvanille
Gelfarben: Gelb, Lila, Blau, Grün

ZEIT: 15 Minuten Zubereitung

ANLEITUNG DIY-STREUSEL

1. Für die Zuckerstreuselkollektion den Puderzucker mit Eiweißpulver in eine Schüssel sieben. 3 Esslöffel kaltes Wasser hinzugeben und mindestens 3 Minuten verrühren. Das Royal Icing auf fünf Schüsseln verteilen und einfärben. Die Masse in Spritzbeutel mit Lochtüllen einfüllen.

2. Für die unterschiedlichen Designs zuerst mit allen Farben gerade Linien auf das Backpapier malen, dies werden die klassischen Streusel. Anschließend kleine Punkte, Herzen, Schneckenhäuser, bunte Streifen oder Regenbögen aus mehreren Farben aufmalen.

3. Das Goldpulver mit ein paar Tropfen kaltem Wasser zu einer dickflüssigen Masse anrühren. Den Fondant dünn ausrollen, mit einem Pinsel die Goldfarbe aufmalen, trocknen lassen und kleine Sterne ausstechen. Je nach Belieben auch ein paar der langen weißen Zuckerstreifen einfärben.

4. Alles gut trocknen lassen. Die Formen ablösen und die langen Zuckerstreifen fein zerbröseln. Wenn du sehr fingerfertig bist, kannst du auch kleine Einhornköpfe aus Royal Icing zaubern.

TIPP *Wenn der Spritzbeutel verstopft, einfach unter heißes Wasser halten oder mit einem Zahnstocher frei stechen.*

ANLEITUNG EINHORNDIP

1. Für die Creme Joghurt, Frischkäse, Puderzucker und das Mark der Vanillestange miteinander verrühren.

2. Die Creme auf vier Schüsseln verteilen und einfärben.

3. Alle Cremes in eine hübsche Glasschüssel füllen, spiralförmig verrühren und anschließend mit den DIY-Zuckerstreuseln/ -sternen (siehe Rezept oben) dekorieren.

ÜBER DIE Autorin

Stephanie Juliette Rinner hatte schon als kleines Mädchen eine ganz besondere Beziehung zu Keksen, denn der gebürtigen Wienerin wurde die Affinität zur hohen Kunst der Zuckerbäckerei quasi in die Wiege gelegt. Da war es nur eine Frage der Zeit, bis sie nach dem Wirtschaftsstudium ihren Beruf als Senior-PR- und Communications-Managerin aufgab und sich mit MEIN KEKSDESIGN einen Herzenswunsch erfüllte: ihre besondere Begabung fürs kreative Keckseverzieren und die pure Freude am Backen an andere weiterzugeben. Seit 2015 bietet die Wahl-Münchnerin in ihrem Backatelier Backkurse für kleine und große Nasch-katzen an. Stephanie führt persönlich durch die Backkurse und macht sie zu einem unvergesslichen Erlebnis. In ihrem Onlineshop **www.meinkeksdesign.de** findet sich alles, was man für den süßen Backspaß zu Hause braucht.

DANKsagung

Lieben Dank an den EMF-Verlag für diesen himmlischen Backspaß! Einhörner sind einfach traumhaft und so war die Produktion dieses Backbuchs für mich von Anfang bis Ende mit Euphorie und Magie untermalt. Bei der Erstellung der Rezepte bin ich ins Schlaraffenland eingetaucht und habe mich beim Backen durch die zartesten Versuchungen und Zuckerkreationen geschlemmt. Vielen Dank auch an HappyConfetti, die mich mit Produkten, wie Konfetti und Pompons unterstützt haben. Noch mehr schöne Deko findet ihr unter www.happyconfetti.de. Das in diesem Buch verwendete Backzubehör wie Muffin-/Donutbleche, Spritzbeutel, Tüllen, Gelfarben, Fondant, und auch Backzutaten wie Eiweißpulver und vieles mehr findet ihr in meinem Onlineshop **www.meinkeksdesign.de**.

ÜBER DIE Fotografin

Gebacken und fotografiert hat Emma Friedrichs schon immer gerne. Nach der Geburt ihres ersten Kindes kam die Spiegelreflexkamera und seitdem geht es nicht mehr ohne! 2014 gründete sie den Blog Emma´s Lieblingsstücke (**www.emmaslieblingsstuecke.wordpress.com**) und seit Mitte 2015 backt und fotografiert sie u. a. auch für den Burda-Verlag. Meistens süß und rosa und das, obwohl sie eigentlich lieber herzhaft isst.

IMPRESSUM

Bibliografische Information der Deutschen Bibliothek.

Die Deutsche Bibliothek verzeichnet diese Publikation in der deutschen Nationalbibliografie. Detaillierte bibliografische Daten sind im Internet über http://www.d-nb.de/ abrufbar.

Bei der Verwendung im Unterricht ist auf dieses Buch hinzuweisen.

EIN BUCH DER EDITION MICHAEL FISCHER

3. Auflage 2017

© 2017 Edition Michael Fischer GmbH, Igling

Dieses Werk wurde vermittelt durch Agentur Brauer, München

Covergestaltung: Michaela Zander
Redaktion und Lektorat: Anja Sommerfeld, Natascha Mössbauer
Layout: Michaela Zander
Fotos: Emma Friedrichs, Herford
Texte und Rezepte: Mag. Stephanie Juliette Rinner

ISBN 978-3-86355-845-1

Printed in Slovakia

www.emf-verlag.de